DÉPARTEMENT D'ALGER

SYNDICAT D'IRRIGATION DE L'HARRACH

(RIVE GAUCHE)

ARRÊTÉS CONSTITUTIFS

ALGER
IMPRIMERIE ORIENTALE PIERRE FONTANA, RUE D'ORLÉANS, 29
1904

DÉPARTEMENT D'ALGER

SYNDICAT D'IRRIGATION DE L'HARRACH

(RIVE GAUCHE)

ARRÊTÉS·CONSTITUTIFS

ALGER

IMPRIMERIE ORIENTALE PIERRE FONTANA, RUE D'ORLÉANS, 29

—

1904

SYNDICAT D'IRRIGATION DE L'HARRACH

(RIVE GAUCHE)

ARRÊTÉ

PORTANT CONSTITUTION D'UN SYNDICAT DES EAUX

D'IRRIGATION DE L'HARRACH

DÉRIVÉES SUR LA RIVE GAUCHE

Nous, Préfet du département d'Alger,

Vu les lois des 12 et 20 août 1790 ;

Vu les lois des 14 floréal an XI et 16 septembre 1807 ;

La loi du 16 juin 1851 constitutive de la propriété en Algérie ;

Vu les opérations de la Commission instituée par arrêté du Préfet d'Alger du 7 février 1854 pour la reconnaissance des droits de propriété ou de jouissance des eaux d'irrigation de l'Harrach dérivées sur la rive gauche ; ensemble les procès-verbaux des enquêtes ouvertes à ce sujet et les observations présentées durant ces enquêtes ;

Vu les arrêtés en date des 1ᵉʳ mai 1855 et 5 avril 1856 portant création, à titre d'essai, d'un Syndicat provisoire ;

Vu l'arrêté préfectoral en date du 20 mai 1857 portant répartition des eaux dérivées sur la rive gauche de l'Harrach ; ensemble les procès-verbaux d'enquête qui ont précédé cet arrêté et les rapports des Ingénieurs sur les réclamations produites ;

Considérant que l'expérience de quatre années démontre qu'il est opportun de constituer sur des bases définitives le Syndicat établi provisoirement, sur le rapport et les propositions de l'Ingénieur en chef en date du 9 novembre 1858 ;

Vu le décret impérial en date du 27 octobre 1858 fixant les attributions des préfets en Algérie ;

Statuant en Conseil de Préfecture,

ARRÊTONS :

TITRE Iᵉʳ.

Formation du Syndicat.

ARTICLE Iᵉʳ.

Les propriétaires intéressés à l'entretien des canaux dérivés de l'Harrach sur la rive gauche sont constitués en une association dont tous les membres concourront à la dépense annuelle, chacun en proportion du volume d'eau qui lui est attribué par l'état de répartition en date du 20 mai 1857, annexé au présent arrêté.

ARTICLE II.

L'association sera administrée par un syndicat qui prendra le nom de *Syndicat des eaux d'arrosage de la Rive Gauche de l'Harrach*.

ARTICLE III.

Le Syndicat sera composé de sept membres qui seront pris parmi les propriétaires intéressés et au nombre desquels seront deux indigènes.

Ils seront nommés par le Préfet, sur une liste de quatorze candidats, qui sera présentée par tous les intéressés, convoqués à cet effet à la Mairie de Boufarik et votant au scrutin secret.

Les fonctions de syndic sont gratuites.

ARTICLE IV.

Le Syndicat sera renouvelé tous les trois ans, savoir : deux membres à remplacer pour la première année, deux autres pour la seconde, et, les trois derniers, parmi lesquels reste de droit le Directeur dont il est question à l'article VIII ci-après, pour la troisième. Ce renouvellement s'opèrera d'après le principe posé ci-dessus, c'est-à-dire sur une liste double des membres à remplacer, votée au scrutin secret.

Lors des deux premiers renouvellements partiels, les membres sortants seront désignés par le sort; ils pourront être renommés et continueront leurs fonctions jusqu'à leur remplacement.

ARTICLE V.

Les membres du Syndicat ne pourront se faire représenter aux assemblées par des mandataires de leur choix. A l'effet de les remplacer en cas d'absence, deux suppléants seront nommés comme les syndics titulaires.

ARTICLE VI.

Dans le cas où l'un des syndics titulaires ou suppléants serait démissionnaire ou viendrait à décéder, le Préfet pourvoiera immédiatement à son remplacement ou désignera un des candidats inscrits sur les listes votées. Les fonctions du syndic ainsi nommé ne dureront que le temps pendant lequel le membre remplacé serait encore resté en fonctions.

ARTICLE VII.

Un des syndics sera nommé par le Préfet pour remplir les fonctions de Directeur.

Il sera, en cette qualité, chargé de la surveillance générale des intérêts de la communauté et de la conservation des plans, registres et autres papiers relatifs à l'administration des travaux ; il assurera l'exécution des délibérations du Syndicat et correspondra directement avec le Préfet pour tout ce qui a rapport au service.

Après autorisation du Syndicat, homologuée par le Préfet, il représentera l'association en justice tant en demandant qu'en défendant.

ARTICLE VIII.

Les fonctions de Directeur dureront trois ans.

Le Directeur aura un adjoint nommé par le Préfet. Cet adjoint, dont les fonctions seront annuelles, sera pris parmi les membres du Syndicat et remplacera le Directeur en cas d'empêchement. Le Directeur et son adjoint pourront être renommés et continueront leurs fonctions jusqu'à leur remplacement.

ARTICLE IX.

Le Syndicat fixera le lieu de ses réunions ; il sera convoqué et présidé par le Directeur, et, en cas d'empêchement, par le Directeur adjoint.

Il se réunira toutes les fois que les besoins du service l'exigeront et au moins une fois tous les trois mois.

Il pourra, en outre, être réuni sur l'initiative du Directeur ou sur la demande de trois de ses membres ou sur l'invitation directe du Préfet.

ARTICLE X.

Les délibérations seront prises à la majorité des voix des membres présents ; en cas de partage, celle du Président sera prépondérante.

Le Syndicat ne pourra délibérer qu'au nombre de quatre membres au moins, dont trois européens et un indigène ; toutefois, lorsque après deux convocations faites par le Directeur, à cinq jours d'intervalle et dûment constatées sur le registre des délibérations, les syndics ne seront pas réunis en nombre suffisant, la délibération prise après la troisième convocation sera valable quel que soit le nombre des membres présents.

Dans tous les cas, les délibérations du Syndicat ne pourront être exécutées qu'après l'approbation du Préfet.

ARTICLE XI.

Le Préfet pourra déclarer démissionnaire et remplacer immédiatement tout membre du Syndicat qui, sans motifs reconnus légitimes, aura manqué à trois séances successives.

ARTICLE XII.

Les délibérations seront inscrites par ordre de dates sur un registre coté et paraphé par le Directeur ; elles seront signées par tous les membres présents à la séance ou mention sera faite des motifs qui les auront empêchés de signer.

Tous les membres de l'association auront droit de prendre communication, sans déplacement, des délibérations du Syndicat.

ARTICLE XIII.

Le Syndicat est spécialement chargé :

1º De veiller à ce que la répartition des eaux d'arrosage en date du 20 mai 1857 et annexée au présent arrêté soit strictement observée ;

2° D'examiner les réclamations des intéressés, les demandes en modification du système d'usage des eaux ou de mode de prise d'eau et de donner son avis sur ces réclamations ;

3° D'employer tous les moyens de conciliation pour mettre fin aux discussions qui pourront naître entre les membres de l'association au sujet de l'usage des eaux ;

4° De faire rédiger les projets de travaux, de les discuter et d'en proposer le mode d'exécution ;

5° De poursuivre, s'il y a lieu, l'expropriation des terrains nécessaires pour l'exécution des projets d'amélioration, après l'accomplissement des formalités voulues par la Loi ;

6° De concourir aux mesures nécessaires pour passer les marchés ou adjudications ;

7° De surveiller l'exécution des travaux ;

8° De discuter les projets de budgets annuels préparés par le Directeur ;

9° De délibérer sur les emprunts qui pourront être nécessaires à l'association : ces emprunts devront en outre être autorisés par le Préfet et seront contractés par le Directeur au nom de l'association ;

10° De contrôler et de vérifier les comptes administratifs du Syndic-Directeur, ainsi que la comptabilité du Caissier spécial de l'association ;

11° Enfin, de donner son avis sur tous les intérêts de la communauté lorsqu'il sera consulté par l'Administration et de proposer tout ce qu'il croira utile aux propriétaires associés.

TITRE II.

Des travaux, de leur mode d'exécution
et de leur paiement.

ARTICLE XIV.

Les projets de travaux seront rédigés par des hommes de l'art choisis par le Syndicat et agréés par le Préfet sur l'avis de l'Ingénieur en chef. Ces projets seront examinés par le Syndicat et par l'Ingénieur en chef et approuvés par le Préfet; sauf ceux concernant des travaux qui engageraient la question du système général d'irrigation ou de dessèchement qui devraient, comme tels, être soumis à l'approbation de l'Administration centrale.

ARTICLE XV.

Les travaux seront adjugés d'après le mode adopté pour ceux des Ponts et Chaussées, en présence du Directeur du Syndicat.

Ils pourront cependant être exécutés de toute autre manière, sur la demande du Syndicat, et d'après l'autorisation du Préfet.

ARTICLE XVI.

Les travaux seront exécutés sous la surveillance du Directeur ainsi que d'un membre que le Syndicat désignera à cet effet.

Il sera nommé, s'il y a lieu, par le Préfet, un conducteur spécial, sur la présentation du Syndicat et sur l'avis de l'Ingénieur en chef.

ARTICLE XVII.

La réception des travaux sera faite par un Ingénieur ordinaire des Ponts et Chaussées, désigné par le Préfet en présence du Directeur et d'un membre que le Syndicat désignera à cet effet.

Le procès-verbal qui sera soumis au visa de l'Ingénieur en chef devra constater que les travaux ont été exécutés conformément aux projets approuvés et aux règles de l'art.

ARTICLE XVIII.

Le Syndicat ne pourra ordonner directement que des travaux de curage de canaux ou des réparations de simple entretien.

Toutefois, les travaux d'urgence pourront être exécutés immédiatement, par ordre du Directeur, qui sera tenu d'en rendre compte, sans retard, au Syndicat et au Préfet.

Ce magistrat pourra suspendre l'exécution de ces travaux, s'il le juge convenable, après avoir pris l'avis de l'Ingénieur en chef et du Syndicat.

A défaut du Directeur, le Préfet pourra faire constater l'urgence des travaux et ordonner, sur l'avis des ingénieurs, leur exécution immédiate.

ARTICLE XIX.

Les paiements d'à-comptes pour les travaux exécutés par entreprise seront faits en vertu de mandats du Directeur, délivrés sur les certificats du conducteur des travaux et visés par le syndic chargé de la surveillance des travaux. Les dépenses en régie seront également payées sur mandats du Directeur, auxquels devront être jointes les feuilles d'attachement constatant l'état des dépenses résultant des dits travaux.

Pour les paiements définitifs d'entreprise, il sera produit, en outre, un procès-verbal de réception, dressé conformément aux dispositions de l'article 17.

A défaut du Directeur, le Préfet pourra délivrer des mandats pour le paicment des dépenses faites d'office, conformément à ses ordres.

ARTICLE XX.

Dans le courant des deux premiers mois de chaque année, le Syndicat déposera pendant quinze jours, à la Mairie de la commune de Boufarik, le compte des travaux exécutés pendant la campagne précédente, afin que les propriétaires puissent en prendre connaissance et présenter leurs observations.

ARTICLE XXI.

Aux mois de mai et d'octobre de chaque année, l'Ingénieur en chef ou l'un des Ingénieurs ordinaires à ce délégué, acccompagné du Directeur, vérifiera la situation des travaux ; il en rendra compte au Préfet et formulera telles propositions qu'il jugera utiles au point de vue de l'intérêt des irrigations, du libre écoulement des eaux et de la salubrité publique.

ARTICLE XXII.

Au mois d'octobre de chaque année, le Directeur présentera le projet de budget et l'état d'indication des travaux pour l'année suivante. Ce projet sera déposé pendant quinze jours à la Mairie de la commune de Boufarik, et les propriétaires intéressés seront invités, par voie de placards affichés tant à Boufarik qu'à Bouïnan, Chebli et Birtouta, à présenter leurs observations.

Ce projet sera ensuite soumis à l'examen du Syndicat et approuvé par le Préfet, après l'avis de l'Ingénieur en chef.

Il sera procédé de même en cas de dépenses extraordinaires et non prévues, sauf le cas d'urgence mentionné à l'article xviii.

TITRE III.

Administration des eaux d'irrigation.

ARTICLE XXIII.

Trois gardes des eaux, nommés par le Préfet sur la proposition du Syndicat, seront spécialement chargés, sous les ordres du Directeur, de veiller à la distribution des eaux, à la conservation des canaux, des vannes et de tous les ouvrages qui en dépendent. Ils assureront l'exécution de la répartition des eaux.

Ils prêteront serment devant le tribunal de leur arrondissement, ils constateront les délits et contraventions aux règlements sur la police des cours d'eau par des procès-verbaux que le Directeur transmettra aux tribunaux compétents.

Ils visiteront fréquemment la partie des canaux commise à leur garde. Ils tiendront un registre coté et paraphé par le Directeur du Syndicat, ils inscriront sans blanc, rature, ni interligne, le rapport de tous les faits reconnus dans leurs tournées et particulièrement les délits et contraventions qu'ils auront constatés.

Ce registre devra être représenté à toute réquisition du Syndicat et sera visé au moins une fois chaque mois par le Directeur du Syndicat.

Ils se rendront aux réunions périodiques du Syndicat et à toutes celles où ils seraient appelés pour rendre compte de leurs services.

ARTICLE XXIV.

Les fonctions de gardes des eaux seront permanentes : le traitement de ces agents sera fixé par le Préfet sur l'avis du Syndicat ; il leur sera payé mensuellement sur mandats du Directeur appuyés d'un état d'émargement.

TITRE IV.

De la rédaction des rôles et de leur recouvrement.

ARTICLE XXV.

Le recouvrement des taxes sera fait par le Receveur des Contributions diverses chargé des recettes à Boufarik ou par un caissier spécial qui sera nommé par le Préfet sur la présentation du Syndicat.

ARTICLE XXVI.

Le caissier spécial fournira un cautionnement proportionné au montant des taxes et prêtera le serment voulu par la Loi. Si le receveur des Contributions diverses est désigné, il pourra ne lui être pas demandé de cautionnement. Il sera alloué au receveur ou au caissier une remise dont la quotité sera proposée par le Syndicat et déterminée par le Préfet, le service des Contributions diverses consulté.

ARTICLE XXVII.

Au moyen de cette remise, le receveur ou le caissier dressera les rôles d'après les bases de l'état de répartition définitive des eaux, en date du

20 mai 1857, déjà cité et annexé au présent arrêté, et sur les documents fournis par le Syndicat.

Ces rôles, après avoir été affichés à la porte de la Mairie de Boufarik pendant un délai de huit jours francs, après avis à son de caisse dans les villages de Chebli, Bouïnan, Birtouta et Boufarik, seront visés par le Directeur du Syndicat et rendus exécutoires par le Préfet.

La perception en sera faite comme en matière de contributions diverses.

ARTICLE XXVIII.

Le receveur ou le caissier sera responsable du défaut de paiement des taxes dans les délais fixés par les rôles, à moins qu'il ne justifie des poursuites faites contre les contribuables en retard.

ARTICLE XXIX.

Le receveur ou le caissier acquittera les mandats délivrés conformément aux dispositions du présent règlement.

Il rendra compte annuellement au Syndicat, avant le 1ᵉʳ février, des recettes et dépenses qu'il aura faites pendant l'année précédente.

Il ne lui sera pas tenu compte des paiements irrégulièrement faits. Il devra se conformer d'ailleurs aux dispositions des règlements qui régissent la comptabilité des communes.

ARTICLE XXX.

Le Syndicat vérifiera le compte annuel du receveur ou du caissier, le déposera à la Mairie de Boufarik, conformément à l'article xx, l'arrêtera provisoirement et l'adressera au Préfet, pour être transmis au Conseil de Préfecture, qui l'arrêtera définitivement s'il y a lieu.

ARTICLE XXXI.

Le Syndic-Directeur vérifiera, lorsqu'il le jugera convenable, la situation de la caisse du receveur ou du caissier qui sera tenu de lui communiquer toutes les pièces de sa comptabilité.

TITRE V.

Dispositions générales.

ARTICLE XXXII.

Les réclamations relatives à la confection des rôles qui auront été dressés par le receveur ou le caissier, d'après les documents fournis par le Syndicat, ainsi que les contestations relatives à l'exécution des travaux, seront portées devant le Conseil de Préfecture, conformément aux dispositions des lois des 28 pluviôse an VIII et 14 floréal an XI, sauf recours au Conseil d'Etat.

ARTICLE XXXIII.

Le Préfet prendra des arrêtés pour prescrire les mesures de police qu'il jugera utiles et nécessaires à la conservation des ouvrages qui font l'objet de l'association.

ARTICLE XXXIV.

Les délits ou contraventions dûment constatés par procès-verbaux seront déférés aux tribunaux compétents, en conformité des lois des 29 floréal an X et 16 septembre 1807.

ARTICLE XXXV.

Les honoraires, frais de voyage et autres dépenses qui seront dus aux ingénieurs employés en exécution du présent arrêté seront payés sur les fonds des travaux, d'après le décret du 10 mai 1854.

ARTICLE XXXVI.

Toutes dispositions antérieures, contraires au présent règlement, sont et demeureront abrogées.

Alger, le 13 Janvier 1859.

Le Préfet,

Ch. GÉRY.

MODIFICATION DE L'ARRÊTÉ CONSTITUTIF

ARRÊTÉ

—

Le Préfet du département d'Alger, officier de la Légion d'honneur,

Vu l'arrêté préfectoral en date du 13 janvier 1859 constitutif du Syndicat d'irrigation de la rive gauche de l'Harrach ;

Vu la délibération du 4 mars 1900, par laquelle l'assemblée générale des usagers du dit Syndicat demande notamment que le siège de l'association, actuellement à Boufarik, soit transféré à Chebli et que le mode d'élection des syndics soit modifié ;

Vu le rapport de MM. les Ingénieurs des Ponts et Chaussées de la circonscription Ouest, en date des 9-10 avril 1900 ;

Vu le dossier des enquêtes auxquelles il a été procédé sur les objets de la dite demande et sur les propositions du service hydraulique, du 27 mai au 16 juin 1900, dans les communes de Boufarik, Chebli, Bouïnan, Birtouta et à Baba-Ali ;

Vu les procès-verbaux constatant les résultats des votes émis par les usagers des eaux du Syndicat d'irrigation de la rive gauche de l'Harrach, réunis en assemblée générale le 22 octobre 1900 et les pièces à l'appui ;

Vu le décret impérial en date du 27 octobre 1858 fixant les attributions des préfets en Algérie ;

Le Conseil de Préfecture entendu,

ARRÊTE :

ARTICLE Iᵉʳ.

Les articles II, III, IV, V, VI, VII, VIII, IX et X de l'arrêté organique du Syndicat d'irrigation de la rive gauche de l'Harrach sont supprimés et remplacés par les articles suivants :

ARTICLE II.

L'assemblée générale se compose des propriétaires faisant partie de l'association ; elle tiendra ses réunions à Chebli.

Chaque propriétaire a droit à autant de voix qu'il dispose de millièmes dans la répartition des eaux, une fraction de millième comptant pour un millième.

Toutefois, un même propriétaire ne pourra disposer d'un nombre supérieur à 200 voix.

Les propriétaires appelés à participer aux assemblées peuvent se faire représenter par des fondés de pouvoir munis de procurations régulièrement légalisées par le Maire ou le Commissaire de police de la commune, sans que le même fondé de pouvoir puisse disposer d'un nombre de voix supérieur à 200.

Les fondés de pouvoir doivent être eux-mêmes membres de l'association. Toutefois, les fermiers, métayers ou régisseurs que les propriétaires auraient délégués ne sont pas soumis à cette condition.

L'assemblée est présidée par le Directeur ou, à son défaut, par le Directeur-adjoint. Elle nomme un ou plusieurs secrétaires.

L'assemblée générale est valablement constituée quand le nombre de voix représentées est au moins égal à la moitié plus une des voix de l'association.

Lorsque cette condition n'est pas remplie, une nouvelle convocation est faite à quinze jours d'intervalle au moins. L'assemblée délibère alors valablement, quel que soit le nombre de voix représentées.

Les délibérations sont prises à la majorité absolue des suffrages. Toutefois, lorsqu'il s'agit de procéder à une élection, la majorité relative est suffisante au second tour de scrutin.

En cas de partage, sauf si le scrutin est secret, la voix du Président est prépondérante.

Le vote a lieu au scrutin secret toutes les fois que le tiers des membres présents le réclame.

Les délibérations relatives à une proposition de dissolution ou de modification de l'acte d'association sont prises à une majorité spéciale représentée par les 2/3 des suffrages au moins.

L'assemblée générale nomme les syndics, délibère sur les propositions de dissolution ou de modifications de l'acte d'association et sur toutes les questions dont la solution peut lui être réservée par les statuts ou par le Syndicat. Elle se prononce sur la gestion du Syndicat, qui doit, à la réunion annuelle, lui rendre compte des opérations accomplies pendant l'année, ainsi que de la situation financière.

Elle se réunit annuellement en assemblée ordinaire dans la première quinzaine d'avril. Elle peut être convoquée extraordinairement quand le Syndicat le juge nécessaire. Le Directeur est tenu de la convoquer lorsqu'il y est invité par le Préfet ou sur la demande de la moitié au moins des membres de l'association. A défaut, par le Directeur, d'avoir procédé aux convocations, le Préfet y pourvoit d'office en son lieu et place.

Les délibérations de l'assemblée générale ne seront exécutoires qu'après l'approbation du Préfet.

ARTICLE III.

L'association sera administrée par un Syndicat qui prendra le nom de *Syndicat des eaux d'arrosage de la Rive Gauche de l'Harrach.*

ARTICLE IV.

Le Syndicat sera composé de sept membres, qui seront pris parmi les propriétaires intéressés et au nombre desquels sera un indigène.

Ils seront élus par l'assemblée générale convoquée à cet effet à Chebli et votant au scrutin secret.

Les fonctions de syndic sont gratuites.

ARTICLE V.

Le Syndicat sera renouvelé tous les trois ans, savoir :

Deux membres à remplacer pour la première année, deux autres pour la seconde et les trois derniers, parmi lesquels reste de droit le Directeur dont il est question à l'article VIII ci-après, pour la troisième.

Lors des deux premiers renouvellements partiels, les membres sortants seront désignés au sort ; ils pourront être renommés et continueront leurs fonctions jusqu'à leur remplacement.

ARTICLE VI.

Les membres du Syndicat ne pourront se faire représenter aux réunions du Syndicat par des mandataires de leur choix. A l'effet de les remplacer en cas d'absence, cinq suppléants, dont un indigène, seront nommés comme les syndics titulaires.

ARTICLE VII.

Tout syndic nommé comme il est dit aux articles IV et VI qui, sans motif reconnu légitime, aura manqué à trois réunions consécutives, peut être déclaré démissionnaire.

Les syndics démissionnaires, décédés ou ayant cessé de satisfaire aux conditions d'éligibilité qu'ils remplissaient lors de leur nomination, sont provisoirement remplacés par des syndics suppléants, dans l'ordre du tableau. Ils sont définitivement remplacés à la prochaine assemblée générale. Les fonctions du syndic ainsi élu ne durent que le temps pendant lequel le membre remplacé serait resté lui-même en fonctions.

ARTICLE VIII.

Le Syndicat nomme un de ses membres pour remplir les fonctions de Directeur.

Il sera, en cette qualité, chargé de la surveillance générale des intérêts de la communauté et de la conservation des plans, registres et autres papiers relatifs à l'administration des travaux; il assurera l'exécution des délibérations du Syndicat et correspondra directement avec le Préfet pour tout ce qui aura rapport au service.

Après autorisation du Syndicat, homologuée par le Préfet, il représentera l'association en justice, tant en demandant qu'en défendant.

ARTICLE IX.

Les fonctions de Directeur durent trois ans. Le Directeur aura un adjoint nommé par le Syndicat dans les conditions de l'article VIII ci-dessus.

Cet adjoint, dont les fonctions sont annuelles, sera pris parmi les membres du Syndicat et remplacera le Directeur en cas d'empêchement. Le Directeur et son adjoint pourront être renommés et continueront leurs fonctions jusqu'à leur remplacement.

ARTICLE X.

Le Syndicat fixera le lieu de ses réunions ; il sera convoqué et présidé par le Directeur, et, en cas d'empêchement par le Directeur-adjoint.

Il se réunira toutes les fois que les besoins du service l'exigeront et au moins une fois tous les trois mois.

Il pourra, en outre, être réuni sur l'initiative du Directeur ou sur la demande de trois de ses membres ou sur l'invitation directe du Préfet.

Les délibérations seront prises à la majorité des voix des membres présents ; en cas de partage, celle du Président sera prépondérante.

Le Syndicat ne pourra délibérer qu'au nombre de quatre membres au moins ; toutefois, lorsqu'après deux convocations faites par le Directeur à cinq jours d'intervalle et dûment constatées sur le registre des délibérations, les syndics ne seront pas réunis en nombre suffisant, la délibération prise après la troisième convocation sera valable, quel que soit le nombre des membres présents.

Dans tous les cas, les délibérations du Syndicat ne pourront être exécutées qu'après l'approbation du Préfet.

ARTICLE XI.

Tous les articles du règlement constitutif du Syndicat, autres que ceux spécifiés ci-dessus, seront maintenus dans leur teneur actuelle.

ARTICLE XII.

M. l'Ingénieur en chef des Ponts et Chaussées de la circonscription Ouest du département d'Alger et

M. le Directeur du Syndicat d'irrigation de la rive gauche de l'Harrach sont chargés, chacun en ce qui le concerne, de l'exécution du présent arrêté.

Alger, le 26 Octobre 1900.

Pour le Préfet :

Le Secrétaire général délégué,

GIRAUD.

Pour copie conforme :

Chebli, le 25 Juillet 1903.

Le Directeur du Syndicat,

Paul AYMES,

Délégué financier,

Membre du Conseil supérieur de Gouvernement.

Alger. — Imprimerie Pierre Fontana, rue d'Orléans, 29. — 7-904.